ESSAI
DE
PHILOSOPHIE
MORALE.

Par M. DE MAUPERTUIS.

Risum reputavi errorem :
& gaudio dixi :
Quid frustra deciperis.
Ecclesiast. Cap. II.

M. DCC. LI.

ILLUSTRE AMI.

VOUS avez fait aſſez de cas de cet Ouvrage pour employer quelques-uns de vos momens à le traduire : je puis l'eſtimer aſſez pour vous l'offrir. Si je me trompe dans le jugement que j'en porte, c'eſt du moins un hommage public que mon cœur & mon eſprit vous rendent ; & je le mets plus volontiers à la tête de ce

Livre où j'ai tâché d'approfondir la Matiere de toutes la plus importante, je ne l'aurois mis à la tête de ceux qui ont pour objets des Sciences moins utiles. Dans celui-ci la dignité du ſujet doit faire oublier ce qui manque à la maniere dont je l'ai traité; & c'eſt ſans doute à cette conſidération que je dois l'approbation que vous lui avez donnée.

Vous avez encore ſur mon

Livre un autre droit, auquel vous n'avez pas pensé : j'avois à peindre l'Homme vertueux ; vous m'avez servi de modele : & je n'ai point eu besoin d'imiter le Peintre qui pour faire un Tableau parfait est obligé d'en aller chercher ça & là les différentes parties, j'ai trouvé tout dans le même Homme : la sagacité de l'esprit qui découvre le vrai, & la justesse qui en sait tirer les conséquences ; la droiture du cœur qui fait connaître la justice, & le courage qui la fait pratiquer.

Je ne parle point d'une autre espece de courage, de celui qui tant de fois vous a fait prodiguer votre Vie dans les combats, & qui vous a merité le grade élevé où vous êtes : celui-ci cependant qui paroît repandu dans toute une Armée, n'appartient réellement qu'à un très-petit nombre, ſi comme en vous il eſt animé par l'amour de la Patrie, & éclairé par la Science de la guerre.

Après de ſi grand objets, dirai-je encore un mot de votre goût pour les Lettres, qui à la Cour & dans les Camps vous a fait vivre avec Ciceron & Virgile; qui vous fait parler & écrire comme eux; qui vous met enfin au rang de ces anciens Capitaines dont A-

thenes & Rome nous fourniſ-ſent à peine quelques exem-ples.

PREFACE.

SI j'avois à me défendre d'avoir dans l'Ouvrage ſuivant expoſé quelqu'opinion haſardée, je n'aurois qu'à raconter comment il a vû le jour. Ce n'eſt point ici une Hiſtoire d'Auteur qui cherche à faire valoir, ou à excuſer ſon Livre; c'eſt l'exacte vérité: qu'ayant écrit ces réflexions pour moi & pour un très-petit nombre d'Amis, je les envoyai à M. le Président Henault avec la plus sincere recommendation de ne les faire voir à personne. J'ignore de quelle maniere on a abusé de sa confiance: mais je fus dans la plus grande surprise, lorsque j'appris que l'Ouvrage paroissoit à Paris, & y faisoit plus de bruit que peut-être il ne merite. Puiſqu'il m'eſt échappé ; & que je ne le crois pas de nature à être déſavoué, j'en donne ici une Edition plus correcte que celles qui ont paru, qui n'ont été faites que ſur quelques copies tirées à la hâte.

Peut être, dans ce moment où je parois faire quelque cas de mon Ouvrage, me demanderat-on pourquoi donc je n'avois pas voulu le publier? J'avoue m'a foibleſſe. Je crois vraì tout ce que j'ai dit, & je ne l'aurois pas dit ſans cela; je crois même qu'il peut être utile: cependant je prevoyois qu'il pourroit être mal interpreté, & me ſuſciter des diſputes; & j'avoue que quand j'euſſe été ſûr du triomphe, j'aimois encore mieux mon repos.

Tout Homme qui écrit aujourd'hui eſt ſûr de trouver deux ſortes d'Adverſaires ; un petit nombre qui paroiſſent animés de l'amour de la vérité, un grand que la ſeule malignité inſpire : j'ai trouvé des uns & des autres. Je tâcherai de ſatisfaire les premiers ; les autres ne meritent pas qu'on leur réponde. Qu'importe en effet de ſavoir ſi telle ou telle perſonne eſt de mes amis ou non?

Je reſpecte trop mes Lecteurs pour les entretenir long-tems de moi: on ne peut d'ailleurs parler de ſoi ſans prendre un air d'humilité qui ſouvent eſt ſuſpect, ou un air d'oſtentation qui toûjours révolte. Cependant la maniere dont pluſieurs Perſonnes ont attaqué mon Ouvrage me force à entrer ici dans quelques détails. On l'a voulu représenter comme un fruit amer de la melancolie. Le Public ne se met gueres en peine de savoir si je suis triste ou si je suis gai : cependant comme cette idée pourroit prevenir contre l'Ouvrage même, il est peut-être à propos que ceux qui ne me connoissent point sachent, que je ne l'ai écrit ni dans l'exil ni dans le chagrin : que ç'a été dans mes plus beaux jours, au milieu d'une brillante Cour ; dans le Palais d'un Roi qui m'a placé dans un état fort au-dessus de ce que j'aurois pû espérer. Si dans cette situation, j'ai trouvé encore des ennuis dans la Vie, cela même ne doit-il pas me persuader qu'aucune Vie n'en est exempte.

On a paru choqué du plan de mon Ouvrage, comme ſi je m'étois propoſé de faire haïr la Vie. Le Poëte ou l'Orateur qui par des Peintures plus vives que fideles, voudroit répandre ſur nos jours, plus de triſteſſe qu'il n'y en a, ſeroit blâmable: mais le Philoſophe qui compte & peſe les peines & les plaiſirs l'eſt-il? Et celui qui trouve mauvais qu'on lui présente ce calcul, ne ressemble t-il pas à un Homme derangé qui se fâche, lorsque son Intendant lui fait voir le compte de sa depense & de ses revenus ?

Nous lisons dans l'Histoire de la Philosophie, qu'Hegesias avoit fait un Livre où il représentoit si bien tous les maux de la Vie, que plusieurs ne vouloient plus vivre après l'avoir l'avoir lû. Ptolomée proscrivit le Livre, & déendit à l'Auteur d'enseigner une telle Doctrine. Il eut peut-être raison : ce seroit un Ouvrage pernicieux que celui qui nous peindroit trop vivement nos maux, s'il ne nous présentoit en même tems les motifs qui nous les doivent faire supporter, & ne nous en indiquoit les remedes : mais certains

Ouvrages, s'ils ne ſont pas ſi dangereux, ſont peut-être plus mal faits, dans leſquels après avoir déduit de la Philoſophie toutes les raiſons de haïr la vie, l'on tire d'une ſource toute différente les motifs pour la ſupporter.

Je n'ai eu dans celui-ci que la vérité pour objet, & que la Philoſophie pour guide; je n'ai fondé que ſur elles le calcul que j'ai ſait des biens & des maux; je n'ai tiré que d'elles les moyens pour augmenter la ſomme des uns & diminuer la ſomme des autres. Et ſi j'ai entrevu un but plus élevé que celui où ſembloit tendre la route que je tenois, ce n'a été que le fil du raiſonnement qui m'y a conduit.

Mon Ouvrage a eu un ſort fort ſingulier : les uns l'ont voulu faire paſſer de le faire réimprimer, j'ai voulu attendre toutes les critiques qui paroîtroient : je me les ſuis fait ſoigneuſement envoyer : voici quelques articles que j'y ai trouvés qui m'ont paru mériter d'être éclaircis.

ÉCLAIRCISSEMENS.

ARTICLE PREMIER.

Q*Uelques uns ont crû trouver une eſpece de ſcandale dans ce que j'ai dit* (*Chap. III.*) Ne craignons donc point de comparer les plaiſirs des ſens avec les plaiſirs les plus intellectuels ; ne nous faiſons pas l'illuſion de croire qu'il y ait des plaiſirs d'une nature moins noble les uns que les autres ; les plaiſirs les plus nobles ſont ceux qui ſont les plus grands.

Ceux qui ont critiqué ce Paragraphe avoient ſans doute oublié, la définition que j'ai donnée du Plaiſir : *il eſt certain que la perception agréable ne tire ſa valeur que de son* Intensité *&* *de* *sa* Durée; *&* *que dans cet instant où je la considére, celle qui naît des passions les plus brutales peut être comparée à celles que nous causent les vertus les plus pures. Il ne faut pas ici confondre* le Bonheur *avec* le Plaisir: *le bonheur, comme nous l'avons dit, est la somme des* Biens *qui reste après qu'on a retranché la somme des* Maux. *Et loin que le bonheur qui naîtroit de ces passions, pût être comparé à celui qui naît de la vertu, on fait voir dans cet Ouvrage, que même il n'existe pas comme* Quantité positive; *c'est-à-dire que les* Biens *qui naissent de ces plaisirs seront toûjours détruits & surpassés par les maux qui en seront les suites. On peut donc nier la réalité du bonheur qu'on chercheroit dans les plaisirs du corps,* *mais on ne peut pas nier la réalité de ces plaiſirs : on ne peut pas nier qu'ils ne puiſſent être comparés aux plaiſirs de l'ame, ni qu'il ne puiſſent même les ſurpaſſer.*

De plus grands Philoſophes que ceux qui me veulent reprendre, pour avoir confondu le plaiſir avec le bonheur, ſont tombés dans bien des Sophiſmes & des contradictions. Leurs invectives contre les plaiſirs des ſens peuvent échauffer le cœur : mais il ſe trouvera auſſi des eſprits qui ſeront plus frappés des calculs froids & ſecs que je donne que de déclamations fondées ſur de faux principes.

II.

J'ai compris ſous deux Genres tous les plaiſirs & toutes les peines : j'ai appellé Plaiſirs & Peines du Corps *toutes les perceptions que l'a-*

me reçoit par l'impreſſion des corps étrangers ſur le notre ; j'ai appellé Plaiſirs & Peines de l'Ame *toutes les perceptions que l'ame reçoit ſans l'entremiſe des ſens.* Et *j'ai réduit les plaiſirs de l'ame à deux ſeuls objets ; à la pratique de* la Juſtice *& à la vûe de* la vérité : *les peines de l'ame à avoir manqué l'un ou l'autre de ces objets. Un Ami reſpectable a crû que mon Enumération n'étoit pas complete : qu'il y avoit des plaiſirs & des peines qu'on ne pouvoit réduire ni à l'un ni à l'autre de mes deux genres.*

Comme ſûrement ce qui a arrêté l'Homme dont je parle en arrêteroit bien d'autres, & qu'apparemment je ne m'étois pas aſſez expliqué : je reviens ici à examiner ſi ma diviſion des plaiſirs & des peines comprend tout. Et je cherche dans l'exemple qui m'a été proposé, s'il y a quelque chose qui ne vienne pas des sources que j'assigne, & qui fasse un genre à part ; ou si ce n'est qu'un cas composé de causes comprises dans mon énumération.

La Mort m'a enlevé mon Ami : j'ai perdu un Homme qui me procuroit mille commodités ; qui flatoit mes goûts & mes passions ; un objet qui plaisoit à mes yeux ; une voix agréable à mon oreille : jusques-là ma peine n'appartient qu'au corps.

Je regrette un Homme éclairé qui m'aidoit à decouvrir la vérité ; un Homme vertueux qui m'entretenoit dans la pratique de la Justice : ma peine appartient à l'ame.

Et si plusieurs de ces motifs se trouvent combinés ensemble, ma peine est un Sentiment mixte, qui se rapporte à l'ame & au corps; & à chacun des deux plus ou moins selon la dose des motifs.

Si l'on analyse de la sorte les cas les plus compliqués; & qu'on se souvienne des définitions que j'ai données (Chap. III.) On trouvera toûjours que les plaisirs & les peines n'ont pas d'autres sources que celles que je leur ai assignées.

III.

On m'a reproché d'avoir parlé trop favorablement du Suicide. *Considérant le suicide hors de la crainte & de l'espérance d'une autre vie, je l'ai regardé comme un remede utile & permis. Le considérant comme Chrétien, je l'ai regardé comme l'action la plus criminelle ou la plus insensée. Et tout cela me paroît si évident, que je ne ſaurois rien dire qui puiſſe en augmenter l'évidence. S'il n'y avoit rien au delà de cette vie, il ſeroit ſouvent convenable de la terminer: mais le malheur de notre condition préſente au lieu de devoir nous en faire chercher le remede dans l'anéantiſſement, nous prouve au contraire que nous ſommes deſtinés à une vie plus heureuſe, dont l'eſpérance doit nous rendre celle-ci ſupportable.*

IV.

On m'a voulu faire un crime de ce que j'ai dit, que la Religion n'étoit pas rigoureuſement démontrable. *Je le repete; ſi elle étoit rigoureuſement démontrable, tout le monde la croiroit; tout le monde la ſuivroit. Perſonne ne ſort des Ecoles de Géométrie avec le moindre doute ſur les propoſitions qu'il y a entendues : voyez parmi ceux qui ſortent des bancs de Theologie, combien il y en a de perſuadés ! Je l'ai dit : il faut ici que le cœur aide à perſuader l'eſprit. C'eſt ce qui me fait donner tant de poids à la preuve tirée du bonheur que la Religion porte avec elle.*

V.

Je n'ai plus qu'un mot à dire, & qui eſt preſque inutile : C'eſt ſur le ſtyle de l'Ouvrage. On l'a trouvé triſte & ſec ; j'avoue qu'il l'eſt : mais je ne crois pas qu'il dût être autrement. Quand j'aurois été capable de le parer de fleurs, la ſévérité du ſujet ne le permettoit pas.

ESSAI
DE
PHILOSOPHIE
MORALE.

CHAPITRE PREMIER.

Ce que c'est que le Bonheur & le Malheur.

J'APPELLE *Plaisir*, toute Perception que l'Ame aime mieux éprouver que ne pas éprouver.

Jappelle *Peine*, toute Perception que l'Ame aime

mieux ne pas éprouver qu'éprouver.

Toute Perception dans laquelle l'Ame voudroit se fixer, dont elle ne souhaite pas l'Absence, pendant laquelle elle ne voudroit ni passer à une autre Perception, ni dormir ; toute Perception telle est un *Plaisir*. Le Tems que dure cette Perception, est ce que j'appelle *Moment heureux*.

Toute Perception que l'Ame voudroit éviter, dont elle souhaite l'Absence, pendant laquelle elle voudroit passer à une autre, ou dormir, toute

Perception telle, eſt une *Peine*. Le Tems que dure cette Perception eſt ce que j'appelle *Moment malheureux.*

Je ne ſai s'il y a des Perceptions indifférentes, des Perceptions dont la Préſence ou l'Abſence ſoient parfaitement égales. Mais s'il y en a, il eſt évident qu'elles ne ſauroient faire des Momens heureux ni malheureux.

Dans chaque Moment heureux ou malheureux, ce n'eſt pas aſſez de conſidérer *la Durée*; il faut avoir égard à la Grandeur du Plaiſir, ou de la Peine ; j'appelle cette Grandeur *Intenſité*. L'Intenſité peut être ſi grande, que quoique la Durée fût fort courte, le Moment heureux ou malheureux équivaudroit à un autre dont la Durée ſeroit fort longue & dont l'Intenſité ſeroit moindre. De même la Durée peut être ſi longue, que quoique l'Intenſité fût fort petite, le Moment heureux ou malheureux équivaudroit à un autre, dont l'Intenſité ſeroit plus grande, & dont la Durée ſeroit moindre.

Pour avoir l'Eſtimation des

Momens heureux ou malheureux, il faut donc avoir égatd non ſeulement à la Durée, mais encore à l'Intenſité du Plaiſir ou de la Peine. Une Intenſité double, & une Durée ſimple, peuvent faire un Moment égal à celui dont l'Intenſité ſeroit ſimple, & la Durée double. En général, *l'Eſtimation des Momens heureux ou malheureux, eſt le Produit de l'Intenſité du Plaiſir ou de la Peine, par la Durée.* On peut aiſément comparer les Durées ; nous avons des Inſtrumens qui les meſurent indépendamment des Illusions que nous pouvons nous faire. Il n'en eſt pas ainſi des Intenſités ; on ne peut pas dire ſi l'Intenſité d'un Plaiſir ou d'une Peine eſt préciſément double ou triple de l'Intenſité d'un autre Plaiſir ou d'une autre Peine.

Mais quoique nous n'ayons pas de Meſure exacte pour les Intenſités, nous ſentons bien que les unes ſont plus grandes que les autres ; & nous ne laiſſons pas de les comparer. Chaque Homme par un Jugement naturel fait entrer l'Intensité & la Durée dans l'Estimation confuse qu'il fait des Momens heureux ou malheureux. Tantôt il préfere un petit Plaisir qui dure long-tems, à un plus grand qui passe trop vîte : tantôt un Plaisir très-grand & très-court, à un plus petit & plus long. Il en est ainsi de la Peine : quoique fort grande, elle peut être si courte, qu'on la souffrira plus volontiers qu'une plus petite & plus longue : & elle peut être si petite, que quoiqu'elle durât fort long-tems, on la préféreroit à une très-courte qui feroit trop grande. Chacun fait cette Comparaifon comme il peut : & quoique les Calculs foient différens, il n'en eft pas moins vrai que la jufte Eftimation des Momens heureux ou malheureux eft, comme nous l'avons dit, le Produit de l'Intenfité du Plaifir ou de la Peine par la Durée.

Le *Bien* eft une Somme de Momens heureux.

Le *Mal* eft une Somme femblable de Momens malheureux.

Il eft évident que ces Sommes, pour être égales, ne

rempliront pas des intervalles de Tems égaux. Dans celle où il y aura plus d'Intenſité, il y aura moins de Durée ; dans celle où la Durée ſera plus longue, l'Intenſité ſera moindre. Ces Sommes ſont les Elémens du Bonheur & du Malheur.

Le *Bonheur* eſt la Somme des Biens qui reſte, après qu'on en a retranché tous les Maux.

Le *Malheur* eſt la Somme des Maux qui reſte, après qu'on en a retranché tous les Biens.

Le Bonheur & le Malheur

dépendent donc de la Compenſation des Biens & des Maux. L'Homme le plus heureux n'eſt pas toûjours celui qui a eu la plus grande Somme de Biens. Les Maux dans le Cours de ſa Vie ont diminué ſon Bonheur; & leur Somme peut avoir été ſi grande, qu'elle a plus diminué ſon Bonheur, que la Somme des Biens ne l'augmentoit. L'Homme le plus heureux eſt celui à qui, après la Déduction faite de la Somme des Maux, il eſt reſté la plus grande Somme de Biens. Si la Somme des Biens

& la Somme des Maux ſont égales, on ne peut appeller celui à qui il eſt échû un tel Partage, heureux ni malheureux. Le Néant vaut ſon Etre. Si la Somme des Maux ſurpaſſe la Somme des Biens, l'Homme eſt malheureux; plus ou moins, ſelon que cette Somme ſurpaſſe plus ou moins l'autre. Son Etre ne vaut pas le Néant. Enfin ce n'eſt qu'après ce dernier Calcul, qu'après la Déduction faite des Biens & des Maux qu'on peut juger du Bonheur ou du Malheur.

Les Biens & les Maux étant les Elémens du Bonheur ou du Malheur, tout notre Soin devroit être employé à les bien connoître, & à tâcher de les comparer les uns aux autres; afin de préférer toujours le plus grand Bien, & d'éviter le plus grand Mal. Mais il ſe rencontre bien des Difficultés dans cette Comparaiſon; & chacun la fait à ſa Maniere.

L'un, pour quelques Momens de Délices, perd ſa Santé ou détruit ſa Fortune: l'autre, ſe refuſe les Plaiſirs les plus vifs pour voir croître un Thréſor dont il ne jouira jamais. Celui-ci languit dans les longues Douleurs de la Pierre ; celui-là ſe livre à la plus cruelle Douleur pour en être delivré.

Et quoique les Biens & les Maux paroiſſent d'Eſpeces fort différentes, on ne laiſſe pas de comparer les uns avec les autres, ceux qui ſemblent les plus hétérogenes : c'eſt ainſi que Scipion trouve dans une Action génereuſe, un Bien plus grand que dans tous les Plaiſirs qu'il peut goûter avec ſa Captive.

Ce qui ajoute une nouvelle Difficulté à la Comparaiſon des Biens & des Maux, c'eſt le différent Eloignement d'où on les conſidere. S'il faut comparer un Bien éloigné avec un Bien préſent ; ou un Mal préſent avec un Mal éloigné, rarement fera-t-on bien cette Comparaiſon. Cependant l'Inégalité des Diſtances ne cauſe de Difficulté que dans la Pratique : car l'Avenir qui vraiſſemblablement eſt à notre Portée par l'Etat de notre Age & de notre Santé, devroit être regardé à peu-près comme le Préſent.

Il y a encore une autre Comparaiſon plus difficile, & qui n'eſt pas moins néceſſaire: c'eſt celle du Bien avec le Mal. J'entens ici l'Eſtimation du Mal qu'il faudroit raiſonnablement ſouffrir pour équivaloir à tel ou tel Bien: ou l'Eſtimation du Bien dont il faudroit ſe priver, pour éviter tel ou tel Mal. Quoiqu'on ne puiſſe gueres faire cette Comparaiſon avec juſteſſe, il y a une Infinité de Cas où l'on ſent qu'il eſt avantageux de ſouffrir un mal pour joüir d'un Bien ; ou de s'abſtenir d'un Bien pour éviter un Mal. Si les Biens & les Maux ſont vûs dans différens Eloignemens, la Comparaiſon devient encore plus difficile.

C'eſt dans toutes ces Comparaiſons que conſiſte *la Prudence*. C'eſt par la Difficulté de les bien faire qu'il y a ſi peu de Gens prudens : & c'eſt des différentes Manieres dont ces Calculs ſe font, que réſulte la Variété infinie de la Conduite des Hommes.

CHAPITRE II.

Que dans la Vie ordinaire la Somme des Maux ſurpaſſe celle des Biens.

NOUS avons défini le Plaiſir, toute Perception que l'Ame aime mieux éprouver que ne pas éprouver; toute Perception, dans laquelle elle voudroit ſe fixer; pendant laquelle elle ne ſouhaite, ni le paſſage à une autre Perception, ni le Sommeil. Nous avons défini la Peine, oute Perception que l'Ame aimeroit mieux ne pas éprouver qu'éprouver ; toute Perception qu'elle voudroit éviter, pendant laquelle elle ſouhaite le paſſage à une autre Perception, ou le Sommeil.

Si l'on examine la Vie d'après ces idées, on ſera ſurpris, on ſera effrayé, de voir combien on la trouvera remplie de Peines, & combien on y trouvera peu de Plaiſirs. En effet, combien rares ſont ces Perceptions, dont l'Ame aime la préſence ! La Vie eſt-elle autre choſe qu'un ſouhait continuel de changer de Perception ? Elle ſe paſſe dans les déſirs ; & tout l'intervalle qui en ſépare l'accompliſſement, nous le voudrions anéanti : ſouvent nous voudrions des jours, des mois, des ans entiers ſupprimés : nous n'acquérons aucun bien qu'en le payant de notre Vie.

Si Dieu accompliſſoit nos déſirs ; qu'il ſupprimât pour nous tout le tems que nous voudrions ſupprimé : le Vieillard ſeroit ſurpris de voir le peu qu'il auroit vêcu. Peut-être toute la Durée de la plus longue Vie ſeroit réduite à quelques heures.

Or tout ce tems dont on auroit demandé la ſuppreſſion, pour paſſer à l'accompliſſement de ſes déſirs, c'eſt-à-dire, pour paſſer de Perceptions à d'autres, tout ce tems n'eſt composé que de Momens malheureux.

Il y a, je crois, peu d'Hommes, qui ne conviennent que leur Vie a été beaucoup plus remplie de ces Momens que de Momens heureux, quand ils ne conſidéreroient dans ces Momens que la Durée: mais s'ils y font entrer l'Intenſité ; la ſomme des Maux en ſera encore de beaucoup augmentée ; & la Propoſition ſera encore plus vraie : *Que dans la Vie ordinaire la ſomme des Maux ſurpaſſe la ſomme des Biens.*

Tous les divertiſſemens des Hommes prouvent le Malheur de leur Condition. Ce n'eſt que pour éviter des Perceptions fâcheuſes, que celui-ci joue aux Echecs, que cet autre court à la Chaſſe : tous cherchent dans des Occupations ſérieuſes, ou frivoles ; l'oubli d'eux mêmes. Ces diſtractions ne ſuffiſent pas ; ils ont recours à d'autres reſſources : les uns par des liqueurs ſpiritueuſes excitent dans leur Ame un tumulte, pendant lequel elle perd l'Idée qui la tourmentoit ; les autres par la fumée des feuilles d'une Plante cherchent un étourdiſſement à leurs Ennuis ; les autres charment leurs Peines par un Suc, qui les met dans une eſpece d'Extaſe. Dans l'Europe, l'Aſie, l'Afrique, & l'Amerique, tous les Hommes, d'ailleurs ſi divers ont cherché des Remedes au Mal de vivre.

Qu'on les interroge ; on en trouvera bien peu dans quelque Condition qu'on les prenne, qui vouluſſent recommencer leur Vie telle qu'elle a été, qui vouluſſent repaſſer par tous les mêmes Etats dans leſquels ils ſe ſont trouvés. N'eſt ce pas l'aveu le plus clair qu'ils ont eu plus de Maux que de Biens ?

Eſt-ce donc-là le Sort de la Nature humaine ! Eſt-elle irrévocablement condamnée à un Deſtin ſi rigoureux ? Ou a-t-elle des moyens pour changer cette Proportion entre les Biens & les Maux? N'eſt-ce point le peu d'Uſage, ou le mauvais Uſage, que l'Homme fait de ſa Raiſon, qui rend cette Proportion ſi funeſte? Une Vie plus heureuſe ne ſeroit-elle point le Prix de ſes réflexions & de ſes efforts?

CHAPITRE III.

Réflexions ſur la Nature des Plaiſirs & des Peines

LEs Philoſophes de tous les tems ont connu l'importance de la Recherche du Bonheur, & en ont fait leur principale étude. S'ils n'ont pas trouvé la vraie route qui y conduit, ils ont marché par des ſentiers qui en approchent. En comparant ce qu'ils ont découvert dans les autres Sciences, avec les excellens Préceptes qu'ils nous ont laiſſés pour nous rendre heureux, on s'étonnera de voir combien leurs progrès ont été plus grands dans cette Science que dans toutes les autres.

Je n'entrerai point dans le détail des Opinions de tous ces grands Hommes ſur le Bonheur; ni des différences qui ont pu ſe trouver dans les Sentimens de ceux qui en général étoient de la même Secte. Cette diſcuſſion ne ſeroit qu'une eſpece d'Hiſtoire, longue, difficile, incertaine, & ſûrement inutile.

Les uns regardant le Corps, comme le ſeul inſtrument de notre Bonheur & de notre Malheur, ne connurent de Plaiſirs que ceux qui dépendoient des impreſſions que les Objets extérieurs font ſur nos Sens; ne connurent de Peines que celles qui dépendoient d'impreſſions ſemblables.

Les autres donnant trop à l'Ame, n'admirent que les Plaiſirs & les Peines qu'elle trouve en elle même.

Opinions outrées & également éloignées du Vrai. Les

impreſſions des Objets ſur nos Corps ſont des ſources de Plaiſir & de Peine : les opérations de notre Ame en ſont d'autres. Et tous ces Plaiſirs, & toutes ces Peines, quoiqu'entrées par différentes portes, ont cela de commun qu'elles ne ſont que des perceptions de l'Ame, dans leſquelles l'Ame ſe plaît, ou ſe déplaît, qui font des Momens heureux ou malheureux.

Ne craignons donc point de comparer les Plaiſirs des Sens avec les Plaiſirs les plus intellectuels; ne nous faiſons pas l'illuſion de croire qu'il y ait des Plaiſirs d'une nature moins noble les uns que les autres ; les Plaiſirs les plus nobles ſont ceux qui ſont les plus grands.

Quelques Philoſophes allerent ſi loin qu'ils regarderent le C rps comme tout à fait étranger à nous ; & prétendirent qu'on pouvoit parvenir à ne pas même ſentir les accidens auxquels il eſt ſujet.

Les autres ne ſe tromperoient pas moins, s'ils croyoient que les impreſſions des Objets extérieurs ſur le

Corps, puiſſent tellement occuper l'Ame qu'elles la rendiſſent inſenſible à ſes réflexions.

Tous les Plaiſirs & toutes les Peines appartiennent à l'Ame. Quelle que fût l'impreſſion que fît un Objet extérieur ſur nos Sens, jamais ce ne feroit qu'un Mouvement phyſique, jamais un Plaiſir ni une Peine, ſi cette impreſſion ne ſe faiſoit ſentir à l'Ame. Tous les Plaiſirs & toutes les Peines ne ſont que ſes Perceptions : la ſeule différence conſiſte en ce que les unes ſont excitées par l'entremiſe des Objets extérieurs, les autres paroiſſent puiſées dans l'Ame même. Cependant pour éviter la longu eur & pour m'exprimer de la maniere la plus uſitée, j'appellerai les unes *Plaiſirs* & *Peines du Corps*; les autres, *Plaiſirs & Peines de l'Ame*.

Je ne nierai point que les Plaiſirs & les Peines du Corps ne ſoient de vrais Plaiſirs & de vraies Peines; ne faſſent des Biens & des Maux. Quelque peu de rapport qu'on voye entre les Perceptions de l'Ame & les Mouvemens qui les font naitre, on ne ſçauroit en méconnoître la réalité. Et le Philoſophe qui diſoit que la Goutte n'étoit pas un Mal, diſoit une Sottiſe, ou vouloit ſeulement dire qu'elle ne rendoit pas l'Ame vicieuſe, & alors diſoit une Choſe bien triviale.

Les Plaiſirs & les Peines du Corps ſont donc ſans contredit des ſommes de Momens heureux & de Momens malheureux ; des Biens & des Maux. Les Plaiſirs & les Peines de l'Ame ſont d'autres

ſommes

ſommes pareilles : il ne faut négliger ni les unes ni les autres ; il faut les calculer, & en tenir compte.

En examinant la Nature des Plaiſirs & des Peines du Corps, nous commencerons par une Remarque bien affligeante : c'eſt que le Plaiſir diminue par la Durée, & que la peine augmente. La Continuité des Impreſſions qui cauſent les Plaiſirs du Corps, en affoiblit l'Intenſité ; l'Intenſité des Peines eſt augmentée par la Continuité des Impreſſions qui les cauſent.

1. Qu'on parcourre les plus grands Plaisirs que les Objets extérieurs puissent nous procurer : on verra que, ou la Sensation qu'ils excitent, est de nature à cesser fort promptement ; ou que si elle dure, elle s'affoiblit, devient bientôt insipide, & même incommode, si elle dure trop longtems. Au contraire la Douleur que causent les Objets extérieurs, peut durer autant que la Vie ; & plus elle dure, plus elle devient insupportable. Si l'on doute de ceci, qu'on essaye de prolonger l'Impres-

ſion de quelque Objet des plus agréables, on verra ce que le Plaiſir devient : Que l'Action du Fer ou du Feu ſur notre Corps dure un peu ; qu'on y tienne ſeulement des Cantarides un peu trop long-tems appliquées ; & l'on verra à quel point peut s'accroître la Douleur.

2. Il n'y a que quelques Parties du Corps qui puiſſent nous procurer des Plaiſirs ; toutes nous font éprouver la Douleur. Le bout du Doigt, une Dent, nous peuvent plus tourmenter, que l'Organe des

plus grands Plaisirs ne peut nous rendre heureux.

3. Enfin il y a une autre Considération à faire. Le trop long, ou trop fréquent Usaga des Objets qui causent les Plaisirs du corps, conduit à des Infirmités; & l'on n'en devient aussi que plus infirme par l'application continuée, ou répétée trop souvent, des objets qui causent la Douleur. Il n'y a ici aucune Espèce de Compensation. La Mesure des Plaisirs que notre Corps nous peut faire goûter, est fixée & bien petite, si l'on

y verſe trop, on en eſt puni; la Meſure des Peines eſt ſans bornes, & les Plaiſirs même contribuent à la remplir.

Si l'on diſoit que la Douleur a ſes bornes; que comme le Plaiſir, elle émouſſe le Sentiment, ou même le détruit tout à fait: cela n'a lieu que pour une Douleur extrême, une Douleur qui n'eſt point dans l'Etat ordinaire de l'Homme, & à laquelle aucune eſpece de Plaiſir ne ſe peut comparer.

Par tout ce que nous venons de dire, on peut juger

de la Nature des Plaiſirs & des Peines du Corps, & de ce qu'on peut en attendre pour notre bonheur. Examinons maintenant la Nature des Plaiſirs & des Peines de l'Ame.

Avant que d'entrer dans cet Examen, il faut définir exactement ces Plaiſirs & ces Peines ; & ne les pas confondre avec d'autres affections de l'Ame, qui n'ont que le Corps pour Objet. Je m'explique. Je ne compte pas parmi les Plaiſirs de l'Ame, le Plaiſir qu'un Homme trouve à penſer qu'il augmente ſes richeſſes; ou celui qu'il reſſent à voir ſon pouvoir s'accroître; ſi comme il n'eſt que trop ordinaire, il ne rapporte ſes richeſſes & ſon pouvoir qu'aux Plaiſirs du Corps que ces moyens peuvent lui procurer. Les Plaiſirs de l'Avare & de l'Ambitieux ne ſont alors que des Plaiſirs du Corps, vûs dans l'éloignement. De même nous ne prendrons pas pour des peines de l'Ame, les peines d'un Homme qui perd ſes richeſſes, ou ſon pouvoir, ſi ce qui les lui fait regretter n'eſt que la vûe des Plaiſirs du Corps qu'ils lui pouvoient procurer, ou la vûe des peines du Corps auxquelles cette perte l'expoſe.

Après cette définition il me ſemble que tous les Plaiſirs de l'Ame ſe réduiſent à deux Genres de perception : l'un qu'on éprouve par la pratique de la *Juſtice*, l'autre par la vûe de la *Vérité*. Les peines de l'Ame ſe réduiſent à manquer ces deux objets.

Je n'entreprens point de

donner ici une définition absolue de la justice, & n'ai pas besoin de le faire. J'entens seulement jusqu'ici par *Pratique de la Justice*, l'Accomplissement de ce qu'on croit son Devoir, quel qu'il soit.

Il n'est pas non plus nécessaire de définir ici exactement la Vérité. J'entens par *Vûe de la Vérité*, cette Perception qu'on éprouve, lorsqu'on est satisfait de l'Evidence avec laquelle on voit les choses.

Or ces deux Genres de Plaisir me paroissent d'une Nature bien opposée à celle des Plaiſirs du Corps. 1°. Loin de paſſer rapidement, ou de s'affoiblir par la Joüiſſance, les Plaiſirs de l'Ame ſont durables; la durée & la répétition les augmentent. 2°. L'Ame les reſſent dans toute ſon étendue. 3°. La Joüiſſance de ces Plaiſirs, au lieu d'affoiblir l'Ame, la fortifie.

Quant aux Peines qu'on éprouve, lorſqu'on n'a pas ſuivi la Juſtice, ou lorſqu'on n'a pu découvrir la Vérité, elles different encore extrèmement des Peines du Corps. Il eſt vrai que l'Idée qu'on a manqué à ſon Devoir eſt une Peine très-douloureuſe, mais il dépend toûjours de nous de l'éviter : elle eſt elle même ſon préſervatif; plus elle eſt ſenſible, plus elle nous éloigne du peril de la reſſentir. Pour la Peine qu'on éprouve dans la recherche d'une Vérité, qu'on ne ſauroit découvrir, l'Homme ſage ne s'attachera qu'à celles qui lui ſont utiles, & il découvrira celles là facilement.

Mais me dira-t'on peut être, ces Plaiſirs de l'Ame ne peuvent-ils pas procurer aux Hommes un ſort plus heureux que celui que vous nous avez dépeint ? N'y a-t-il donc pas des Sages dont la Vie ſe paſſe dans la Pratique de la *Juſtice* & dans la Contemplation de la *Vérité* ? Je veux croire qu'il y en a. Mais outre les Peines du Corps auxquelles ils ſont toujours expoſés, ſi l'on compte les Ariſtides & les Neurons, on verra que ces Hommes ſont trop rares pour empêcher que la Propoſition que nous avons établie ne ſoit vraie: que *dans la Vie ordinaire la Somme des Maux surpasse la Somme des Biens.*

CHAPITRE IV.

Des Moyens pour rendre notre Condition meilleure.

C'EST par ces Considérations, & non en niant, comme quelques Sophistes, la Réalité des Plaisirs & des Peines du Corps, que nous devons nous conduire. Laissons notre Ame ouverte à quelques Perceptions agréables, qu'un usage sobre & circonspect des objets extérieurs y peut faire naître; mais ne laissons pas entrer cette foule d'ennemis qui menacent ſa Ruine. Ne diſons pas que la Volupté n'eſt pas un bien: mais ſouvenons nous toujours des Maux qu'elle traîne après elle.

Etant ainſi expoſés par rapport à notre Corps à beaucoup plus de Peines que de Plaiſirs; à des Peines que la Durée augmente, à des Plaiſirs quelle diminue : s'il nous étoit poſſible de nous ſouſtraire entierement aux Impreſſions des Objets extérieurs, de renoncer totalement aux Plaiſirs des Sens, pour être affranchis de leurs Peines; ce ſeroit aſſurément le meilleur Parti : il y a beaucoup plus à perdre qu'à gagner, en y reſtant expoſé. Mais comment éviter l'effet de ces impreſſions? Nos Corps ſont partie du Monde phyſique : toute la Nature agit ſur eux par des loix invariables : & par d'autres lois que nous ſommes également obligés de ſubir, ces impreſſions portent à l'Ame les Perceptions de Plaiſir & de Peine.

Dans cet Etat qui paroît purement paſſif, il nous reſte cepen-

cependant une Arme pour parer les coups des objets, ou pour en amortir l'effet. C'eſt la liberté, cette Force ſi peu compréhenſible, mais ſi inconteſtable; contre laquelle le Sophiſte peut diſputer, mais que l'honnête Homme reconnoît toujours dans ſon Cœur. Il peut avec elle lutter contre toute la Nature: & s'il ne peut pas toûjours tout à fait vaincre, il peut du moins toûjours n'être pas entierement vaincu: Arme fatale qu'il tourne ſi ſouvent contre lui-même.

Si l'Homme sait faire Usage de sa Liberté, il fuira les Objets qui peuvent faire sur lui des impressions funestes : & si ces impressions sont inévitables, elle lui servira à en diminuer la Force. Dans les Etats les plus cruels, il n'y a personne qui ne sente en lui-même un certain Pouvoir qu'il peut exercer même contre la Douleur.

Si la Liberté peut nous préserver des impressions dangereuses des Objets; si elle peut nous défendre des Peines du Corps, & nous en dispenser avec économie les Plaisirs, elle a bien un autre empire sur les Plaisirs & les Peines de l'Ame : c'est là qu'elle peut triompher entierement.

Notre Vie n'est donc qu'une suite de Perceptions agréables & fâcheuses ; mais dans laquelle les Perceptions fâcheuses l'emportent de beaucoup sur les Perceptions agréables. Le Bonheur & le Malheur de chacun dépendent des Sommes de Bien & de Mal que ces Perceptions font dans sa Vie.

Cela posé; il n'y a que deux Moyens pour rendre notre Condition meilleure. L'un consiste à augmenter la Somme des Biens; l'autre à diminuer la Somme des Maux. C'est à ce Calcul que la Vie du Sage doit être employée.

Les Philosophes de l'Antiquité, qui avoient sans doute senti la Vérité de ceci, se partagerent en deux classes. Les uns crurent que pour rendre notre condition meilleure, il ne falloit qu'accumuler le plus de Plaisirs qu'il étoit possible; les autres ne chercherent qu'à diminuer les peines.

C'est-là, ce me semble, ce qui distingua essentiellement les deux fameuses Sectes des Epicuriens & des Stoïciens. Car c'est n'en pas avoir pénétré l'Esprit que de ne pas avoir apperçu les différens Moyens que chacune se proposoit ; & de faire consister leur différence dans la Recherche de Plaisirs plus grossiers, ou plus purs. Je l'ai déja dit ; tant qu'on ne considere que l'Etat présent, tous les Plaisirs sont du même genre : celui qui naît de l'Action la plus brutale, ne cede point à celui qu'on trouve dans la Pratique de la Vertu la plus épurée. Les Peines ne ſont pas non plus de genre différent: celles qu'on reſſent par l'Application du Fer & du Feu, peuvent être comparées à celles qu'éprouve une Conſcience criminelle. Toutes les Peines, tous les Plaiſirs, ne ſont que des Perceptions de l'Ame, dont il faut ſeulement bien calculer l'Intenſité & la Durée.

Ce qui caractériſe donc les deux Sectes: c'eſt que l'une

& l'autre reconnoissant, que le plus grand Bonheur est celui où la Somme des Biens, après la déduction de la Somme des Maux, demeuroit la plus grande ; dans les Moyens que ces Sectes proposoient pour rendre notre Condition meilleure, celle des Epicuriens avoit plus en vûe l'Augmentation de la Somme des Biens, & celle des Stoïciens la Diminution de la Somme des Maux.

Si nous avions autant de Biens à espérer que de Maux

à craindre, l'un & l'autre Systême seroient également fondés. Mais si l'on fait attention à ce que nous avons remarqué dans les Chapitres précédens sur les Plaisirs & les Peines, on verra combien il est plus raisonnable de chercher à rendre notre condition meilleure par la Diminution de la Somme des Maux, que par l'Augmentation de la Somme des Biens.

Je ne m'arrêterai donc point à la Secte d'Epicure; j'examinerai seulement celle des Stoïciens, qui me paroiſſent ceux qui ont raiſonné le plus juſte.

CHAPITRE V.

Du Syſtème des Stoïciens.

JE ne remonterai point juſqu'à Zenon : ce que nous ſavons de lui eſt trop peu de choſe pour pouvoir bien juger de ce qu'il enſeignoit & de ce qu'il penſoit. Ce n'eſt dans l'Origine d'aucune Secte qu'on en trouve les Dogmes les plus raiſonnables, ni les mieux digerés. Ce qui nous touche le plus, c'eſt la Doctrine des Stoïciens, telle qu'elle fut, après que les Tems,

& les réflexions des grands Hommes qui la professerent, l'eurent conduite à sa Maturité.

Le Recueil le plus ample que nous ayons des Dogmes de cette Secte, est celui que *Seneque* nous a laissé. Tous les Ouvrages de ce Philosophe, sous des Titres différens & multipliés, n'en font que l'Fxposition. *Epictete* les produisit avec moins d'Art & plus de force. Nous avons le Systême de ce grand Homme dans deux Ouvrages différens : l'un contient des

Discours, négligés & diffus; tels qu'*Arrien* les recueillit sortans de sa Bouche: l'autre est son *Enchiridion*, serré & méthodique, dans lequel, malgré sa brieveté, on trouve le Système le plus complet de Morale, & toute la Science du Bonheur. A ces Ouvrages admirables on en doit ajoûter un plus admirable encore. Ce sont *Les Réflexions de l'Empereur Marc Aurele adressées à lui-même*; mais dignes de servir de Leçons à tout l'Univers. Il n'a, ni le brillant du Precepteur de Neſon, ni la ſechereſſe de l'Eſclave d'Epaphrodite : ſon Style porte partout le Caractere de l'Elevation de ſon Ame, de la pureté de ſon Cœur, & de la grandeur des choſes qu'il dit. Il remercie les Dieux de lui avoir refuſé les Talents de la Poëſie & de l'Eloquence, & ne s'apperçoit pas qu'il les a. Il poſſede toutes les connoiſſances de ſon tems, & ne fait cas que de celles qui enſeignent à régler le cœur : toutes les autres, il les mépriſe également. Il traite de véritable Sottiſe la Recherche de la Structure & des Mouvemens de l'univers : sa seule Etude est celle de l'Homme. Ces divines Leçons, il les pratiqua toute sa Vie : & en se rendant heureux, il eut sûr les deux autres Philosophes, l'Avantage d'avoir fait le Bonheur d'un Empire qui faisoit la plus grande Partie du Monde.

Un Courtisan qui a Essuyé de grandes vicissitudes : qui s'est trouvé élevé au comble des Honneurs, puis abaissé dans les plus profondes Disgraces ; un tel joüet de la

Fortune, doit avoir ſenti le Beſoin de la Philoſophie Stoïcienne. Un Eſclave accablé du Poids de ſa Chaîne, aſſujetti aux caprices d'un Maître cruel, n'avoit d'autre Reſſource que cette Philoſophie, qui promet un Bonheur qui ne dépend que de nous.

Mais un Empereur qui n'éprouva jamais aucun Revers; qui fut conſtamment comblé des Faveurs de la Fortune, n'eut pas les mêmes motifs. Il ſemble qu'il ne dût chercher qu'à étendre la Puiſſance de celle qui lui prodiguoit tous les Biens qu'elle peût donner: il vit que tous ces Biens n'étoient que des Illusions.

Seneque & Epictete semblent n'être parvenus à la Philosophie que par besoin & par art: la Nature forma Marc Aurele Philosophe, & éleva son Cœur à une Perfection, à laquelle ses Lumieres ne pouvoient le conduire. La Philosophie Stoïcienne n'avoit point la Vertu pour But, ce n'étoit que le Bonheur présent. Et, si l'on s'y trompoit, c'est que les Routes qui conduiſent à l'un & à l'autre, ſont juſqu'à un certain point les mêmes.

Les Préſervatifs & les Remedes, que le Stoïcien recommande contre les Maux de cette vie, ſont : de ſe rendre maître de ſes Opinions & de ſes déſirs; d'anéantir l'Effet de tous les Objets extérieurs : enfin, de ſe donner la Mort, ſi l'on ne peut trouver la tranquillité qu'à ce Prix.

En liſant les Ecrits de ces Philoſophes, on ſeroit tenté de croire que ce qu'ils propoſent eſt impoſſible. Cet Empire ſur les Opérations de nôtre Ame, cette Inſenſibilité aux Peines du Corps, cet Equilibre entre la Vie & la Mort, ne paroiſſent que de belles Chimeres. Cependant, ſi nous examinons la maniere dont ils ont vêcû, nous croirons qu'ils y étoient parvenus; ou qu'ils n'en étoient pas éloignés. Et ſi nous réfléchiſſons ſur la Nature de l'Homme, nous le croirons capable de tout, pourvû qu'on lui propoſe d'aſſez grands motifs: capable de braver la Douleur, capable de braver la Mort: & nous en trouverons de toutes parts des exemples.

Si vous allez dans le Nord de l'Amerique, vous trouverez des Peuples ſauvages, qui vous feront voir que les Scevola, les Curtius, & les Socrates, n'étoient que des Femmes auprès d'eux. Dans les Tourmens les plus cruels vous les verrez inébranlables; chanter & mourir. D'autres que nous ne regardons preſque pas comme des Hommes, & que nous traitons, comme les Chevaux & les Bœufs; dès que l'Ennuy de la Vie les prend, la ſçavent terminer: un Vaiſſeau qui revient de Guinée, eſt rempli de Catons qui aiment mieux mourir que de ſurvivre à leur Liberté. Un grand Peuple, bien éloigné de la Barbarie, quoique ſes Mœurs ſoient fort différentes des nôtres, ne fait pas plus de cas de la Vie: le moindre Affront, le plus petit Chagrin, eſt pour un Japonois une Raiſon pour mourir. Sur les Bords du Gange, la jeune Indienne ſe jette au milieu des Flammes, pour éviter le Reproche d'avoir ſurvêcu à ſon Epoux.

Voilà des Nations entieres parvenues à tout ce que les Stoïciens preſcrivoient de plus terrible. Voilà ce que peuvent l'Opinion & la Coutume : ne doutons pas que le Raiſonnement n'ait autant de Force : ne diſtinguons pas même du Raiſonnement la Coutume & l'Opinion ; ce ſont des Raiſonnemens ſans Doute, ſeulement moins approfondis. Le Negre & le Philoſophe, n'ont qu'un même Objet ; *De rendre leur*

Eſperance d'une autre Vie ; uniquement occupé à rendre ſa Condition meilleure.

Or dans cette Poſition, il eſt évident qu'il n'y a ni Gloire, ni Raiſon, à demeurer en proie à des Maux auxquels on peut ſe ſouſtraire, par une Douleur d'un Moment. Dès que la Somme des Maux ſurpaſſe la Somme des Biens, le Néant eſt préferable à l'Etre : & les Stoïciens raiſonnent juſte, lorſqu'ils regardent la Mort comme un Remede utile & permis. Quelques-uns ont été juſqu'à la conſeiller assez légerement. Et Marc Aurele, cette Ame si douce & si belle pensoit ainsi : *Sors de la Vie*, dit-il, *si elle te devient à charge ; mais sors en sans plainte & sans murmure, comme d'une chambre qui fume.* (*)

Seneque parle avec bien plus de force du droit que chaque Homme a de se donner la Mort, dès qu'il trouve sa Vie malheureuse. Il s'étonne que quelques Philosophes ayent pû penser differemment. Quelle magnifique

(*) Marc Aurele L. V. §. xxx.

description nous fait-il de la mort de Caton? (*) Quelles Loüanges ne donne-t-il pas à ce jeune Lacedemonien, qui aima mieux se casser la tête que de faire le service des Esclaves? (**) A cet Allemand destiné au combat des Bêtes, qui avala l'Eponge qui servoit à nettoyer les Ordures? (***) Mais rien ne fait mieux connoître le peu de cas que les Stoïciens faisoient de la Vie, que l'Histoire qu'il

(*) Senec. de Provid. *Cap.* II.

(**) Senec. *Epist.* LXXVII.

(***) Idem *Epist.* LXX.

ajoûte : Marcellinus, ennuyé d'une longue maladie, hésitoit à se donner la mort, & cherchoit qui l'encourageât : *Tu fais bien des consultations pour peu de chose*, lui dit un Philosophe de cette Secte, qu'il avoit envoyé chercher : *la Vie n'est rien ; tu la partages avec les Esclaves & les Animaux : mais la mort peut être belle. Et il n'est pas nécessaire pour savoir mourir d'être fort brave, ni fort malheureux ; il suffit d'être ennuyé.* Marcellinus persuadé, accomplit son dessein, par une mort que Seneque appelle *delicieuſe.* (*)

On ne peut pas douter que cette queſtion, du droit que l'Homme a ſur ſa Vie, ne dépende des idées qu'il a d'une Divinité qui lui permet ou qui lui défend d'en diſpoſer; de la mortalité, ou de l'immortalité de l'Ame. Il eſt donc certain que la Religon des Stoïciens les laiſſoit libres à cet égard.

Il nous ſeroit fort difficile de déterminer, quelles étoient préciſement leurs idées ſur la Divinité. L'un définiſſoit

(*) Senec. *Epiſt.* LXXVII.

Dieu, un Etre heureux, éternel, bienfaiſant. L'autre faiſoit des Dieux de différens Ordres. Zenon ne reconnut d'autre Dieu que l'Univers.

Si ces Philoſophes paroiſſent avoir eu quelquefois des idées plus élevées de la Divinité, ils n'en eurent gueres de plus diſtinctes.

Croire des Dieux, & croire une Providence, n'étoit pas, chez les anciens Philoſophes, une même choſe. Ils ne voyoient en Dieu la Néceſſité, ni d'être unique, ni éternel, ni la cauſe libre & prévoyante de tout ce qui arrive dans l'Univers. Les Dieux, selon plusieurs, n'étoient que des Etres sans intelligence, sans action, inutiles pour le Gouvernement du Monde. Si quelquefois les Stoïciens parlent d'une Providence, & de l'empire des Dieux, leurs discours sont plûtôt des déclamations, que des discours dogmatiques.

Ils ne furent, ni plus d'accord, ni plus éclairés sur la nature de notre Ame. La plûpart la prirent pour une Matiere subtile, ou un écoulement de la Divinité. Les uns la regarderent comme se dissipant à la Mort; les autres comme se réunissant à la Source dont elle étoit sortie. Mais y portoit-elle, y conservoit-elle le souvenir de son Etat précédent ? Tout ce qui nous reste de ces Philosophes, est rempli sur cette Matiere, non seulement d'obscurités, mais même de contradictions.

Ce qui paroît certain, & c'est ce qui est bien étrange, c'est que les Stoïciens regardoient ces questions comme indifférentes pour la conduite des Mœurs. On voit dans plusieurs Endroits des Ouvrages de ces grands Maîtres de Morale, qu'ils laissent ces choses dans un doute, dont il ne paroît pas qu'ils se mettent en peine de sortir.

Cependant avec aussi peu de Système sur les Dieux, la Providence, & l'immortalité de l'Ame, les Stoïciens semblent être parvenus, là où nous ne parvenons que par la connoissance d'un Dieu qui punit & recompense une Ame immortelle; par l'esperance d'un bonheur éternel, ou par

la

la crainte d'être éternellement malheureux.

C'eſt un Myſtere difficile à comprendre, ſi l'on n'a pas conſideré les choſes, comme nous l'avons fait. Et un illuſtre Auteur, à qui nous devons l'excellente Hiſtoire Critique de la Philoſophie, pour n'avoir pas fait ces réflexions, me ſemble avoir avec un peu de précipitation, accuſé les Stoïciens d'inconſéquence, ou de mauvaiſe foi. (*)

Le ſeul Amour du bonheur

(*) Hiſt. Crit. de la Phil. T. II. *Chap.* 28.

ſuffiſoït pour conduire le Stoïcien au retranchement de tout. Perſuadé que dans cette Vie, les maux ſurpaſſent toûjours les biens, il trouvoit de l'Avantage à ſe priver des plaiſirs, pour s'épargner les peines ; & à détruire toute ſenſibilité. Si la Nature ne permettoit pas qu'il fût heureux, l'art le rendoit impaſſible.

CHAPITRE VI.

Des Moyens que le Christianisme propose pour être heureux.

VOILA jusqu'où la raison seule put atteindre : voyons maintenant, si la raison éclairée d'une nouvelle Lumiere peut aller plus loin : si elle peut nous enseigner des moyens plus sûrs pour parvenir au bonheur, ou du moins pour rendre notre condition meilleure.

Je n'examine ici la Religion que par rapport à cet objet : je ne releve point ce qu'elle a de Divin, ni ne m'arrête aux difficultés que peuvent faire à notre eſprit ſes myſteres : je ne conſidere que les regles de conduite qu'elle preſcrit, & les ſuites néceſſaires de ces regles par rapport au bonheur de la Vie préſente. On prit le Chriſtianiſme naiſſant pour une nouvelle Secte de Philoſophie ; ne l'enviſageons pas autrement : comparons la Morale de l'Evangile à celle des Stoïciens.

Quelques Auteurs, par un Zele peu judicieux, ont voulu trouver dans la Morale de ces Philoſophes, la Morale du Chriſtianiſme. On eſt ſurpris de voir, combien le ſavant Dacier s'eſt donné de peine pour cela, & qu'il n'ait pas ſenti la différence extrème qui ſe trouve entre ces deux Philoſophes, quoique la Pratique en paroiſſe au premier coup d'œil la même. Aveugle à ce point, il n'a cherché qu'à donner un ſens Chrétien à tout ce qu'il a traduit. Il n'eſt pas le premier qui ſoit tombé dans cette erreur ? nous avons une vieille Paraphraſe d'Epictete, attribuée à un Moine Grec, dans laquelle on trouve Epictete & l'Evangile également défigurés.

Un Jéſuite plus Homme d'Eſprit, (*) a mieux ſenti la différence des deux Philoſophies ; quoiqu'il ait encore fait un Parallele qui ſemble les rapprocher. Le rapport qui ſe trouve entre les Mœurs extérieures du Stoïcien & du Chrétien a pû faire prendre le change à ceux qui n'ont pas

(*) *Le P. Mourgues.*

consideré les choses avec assez d'Attention, ou avec la justesse nécessaire : mais au fonds il n'y a rien qui admette si peu de conciliation. Et la Morale d'Epicure n'est pas plus contraire à la Morale de l'Evangile que celle de Zenon. Cela n'a pas besoin d'autre preuve que l'exposition du Système Stoïcien que nous venons de faire, & l'exposition du Système Chrétien. La Somme du premier se réduit à ceci : *Ne pense qu'à toi ; sacrifie tout à ton repos.* La Morale du Chrétien se réduit à ces deux Preceptes: *Aime Dieu de tout ton cœur: Aime les autres Hommes comme toi-même.*

Pour bien comprendre le ſens de ces dernieres paroles, il faut ſavoir ce que le Syſtème Chrétien nous enſeigne par rapport à Dieu, & par rapport à l'Homme.

Dieu eſt l'Ordre éternel, le Créateur de l'Univers, l'Etre tout-puiſſant, tout ſage, & tout bon. L'Homme eſt ſon ouvrage, composé d'un corps qui doit périr, & d'une Ame qui durera éternellement.

Ces deux idées établies ſufſiſent pour faire connoître la juſtice & la néceſſité de la Morale Chrétienne.

Aimer Dieu de tout ſon cœur ; c'eſt être entierement ſoûmis à l'Ordre ; n'avoir d'autre volonté que celle de Dieu, & ne ſe regarder que par rapport à ce qu'on eſt à ſon égard.

Aimer les autres Hommes, comme ſoi même ; n'eſt que la ſuite du premier Precepte. Celui qui aime Dieu parfaitement, doit aimer l'Homme qui eſt ſon ouvrage : celui qui n'aime rien que par rapport à Dieu, ne doit ſe donner aucune préference.

Il n'eſt pas difficile de voir que l'accompliſſement de ces Préceptes eſt la ſource du plus grand bonheur qu'on puiſſe trouver dans cette Vie. Ce Devouement univerſel procurera non ſeulement la Tranquillité ; mais l'Amour y répandra une douceur, que le Stoïcien ne connoît point. Celui-ci toûjours occupé de lui-même, ne penſe qu'à ſe mettre à l'abri des maux : pour celui là il n'eſt plus de maux à craindre.

Tout ce qui peut nous arriver de fâcheux dans l'Etat naturel, vient ou de Causes purement physiques, ou de la part des autres Hommes. Et quoiqu'on pût réduire ces deux Genres d'Accidens à un seul principe, le Stoïcien & le Chrétien les ont considérés sous des Aspects différens, dans la Pratique de leur Morale, & ont cherché différens motifs pour les supporter.

Le Stoïcien prend les Accidens physiques pour des Arrets du Destin, auxquels il doit se soûmettre, parce qu'il ſeroit inutile d'y reſiſter. Dans le mal que lui font les Hommes il n'eſt frappé que du défaut de leur Jugement. Il les regarde comme des Brutes, & ne veut pas croire que tels Hommes puiſſent l'offenſer.

Un deſtin inflexible, des Hommes inſenſés, voilà tout ce qu'il voit : c'eſt dans ces circonſtances qu'il doit régler ſa conduite. Mais ſon Etat peut-il être tranquille? Les maux en ſont-ils moins cruels, parce qu'ils ſont ſans remede? Les coups en ſont-ils moins ſenſibles, parce qu'ils partent d'une main qu'on méprise.

Le Chrétien envisage les choses bien différemment. Le Destin est une chimere : un Etre infiniment bon regle tout ; & a tout ordonné pour son plus grand bien. Quelque chose qu'il lui arrive, il ne se soûmet point, parce qu'il seroit inutile de résister : il se soumet, parce qu'il applaudit aux décrets de la Providence ; parce qu'il en connoît la Justice & la Bonté. Il ne méprise point les Hommes pour s'empêcher de les haïr : il les respecte comme l'Ouvrage de

Dieu, & les aime comme ſes Freres. Il les aime lorſqu'ils l'offenſent, parce que tout le mal qu'ils peuvent lui faire, n'eſt rien au prix des raiſons qu'il a pour les aimer.

Autant que les Motifs du Stoïcien répandent de triſteſſe ſur ſa Vie, autant ceux du Chrétien rempliſſent la ſienne de douceur: il aime, il adore, il benit ſans ceſſe.

Jupiter & Deſtin, faites moi faire ce que vous avez ordonné: car ſi j'y voulois manquer, je deviendrois criminel; & il le faudroit bien faire pourtant.

(*) Il ſuffit de comparer cette Priere avec celle du Chrétien, pour connoître la différence qui eſt entre ces deux Philoſophies.

Quant aux biens que le Stoïciſme & le Chriſtianiſme promettent; comment pourroit-on les comparer? L'un borne tous ſes avantages à la Vie préſente: l'autre, outre ces mêmes avantages qu'il procure bien plus ſûrement, en fait eſpérer d'autres, devant leſquels ceux-ci ne ſont rien. Le Stoïcien & le Chré-

(*) *Epict. Man.* §. L.

tien doivent être toûjours prêts à quitter la Vie : mais le premier la quitte pour retomber dans le Néant, ou pour ſe perdre dans l'abîme des Etres ; le ſecond, pour commencer une nouvelle Vie éternellement heureuſe. Tous les biens que promet la Philoſophie Stoïcienne ſe réduiſent à un peu de repos pendant une Vie très-courte : mais un tel repos vaut-il ce qu'il en coûte pour y parvenir ? Oui, dans la ſuppoſition d'une Deſtruction totale, ou d'un avenir, tel que l'avenir des Stoïciens, celui

qui

qui d'un ſeul coup s'affranchit de tous les maux de la Vie, eſt plus ſage que celui qui ſe conſume en efforts pour parvenir à ne rien ſentir.

Après avoir examiné les principes du Stoïcien, & ceux du Chrétien, en tant qu'ils ſe rapportent immédiatement au bonheur de celui qui les ſuit : conſidérons les maintenant ſous un autre aſpect ; par rapport au bonheur de la ſociété en général.

Si l'on n'avoit pas ſenti toute la différence qui eſt entre

les deux Morales, ſi l'on avoit pû les confondre, en les conſidérant dans chaque individu; c'eſt ici qu'elles laiſſent voir la diſtance immenſe qui eſt entre elles.

Quand le Stoïcien ſeroit parvenu à être heureux, ou impaſſible, on peut dire qu'il n'auroit acquis ſon bonheur, ou ſon repos, qu'aux dépens des autres Hommes, ou du moins en leur refuſant tous ſes ſecours. *Peu t'importe*, dit le grand Docteur de cette Secte, *que ton Valet ſoit vicieux, pourvû que tu conſerves ta tran-*

quillité. (*) Quelle différence entre cette disposition de cœur, & les sentimens d'humanité & de tendresse que le Chrétien a pour tous les Hommes ! Occupé sans cesse du soin de leur être utile, il ne craint, ni fatigues, ni périls : il traverse les mers, il s'expose aux plus cruels supplices, pour rendre heureux des Hommes qu'il n'a jamais vûs.

Qu'on se représente deux îles, l'une remplie de parfaits Stoïciens, l'autre, de parfaits

(*) *Epict. Man. Ch.* XI.

Chrétiens. Dans l'une, chaque Philoſophe, ignorant les douceurs de la confiance & de l'amitié, ne penſe qu'à ſe ſéqueſtrer des autres Hommes: il a calculé ce qu'il en pouvoit attendre; les avantages qu'ils pouvoient lui procurer & les torts qu'ils pouvoient lui faire; & a rompu tout commerce avec eux. Nouveau Diogenes il fait conſiſter ſa perfection à occuper un Tonneau plus étroit que celui de ſon Voiſin.

Mais quelle harmonie vous trouverez dans l'autre île!

Des beſoins qu'une vaine Philoſophie ne ſauroit diſſimuler, toûjours ſecourus par la juſtice & la charité, ont lié tous ces Hommes les uns aux autres.

Chacun heureux du bonheur d'autrui, ſe trouve heureux encore des ſecours que dans ſes malheurs il lui prête.

CHAPITRE VII.

Réflexions ſur la Religion.

NOUS n'avons conſidéré juſqu'ici le Chriſtianiſme que comme un Syſtème de Philoſophie. Il eſt certain qu'il contient les vraies regles du bonheur. Et s'il n'y avoit que la Morale de l'Evangile à établir, il n'y a aucun Homme raiſonnable qui refuſât de s'y ſoûmettre. Il n'eſt pas néceſſaire de regarder le Chriſtianiſme comme Divin, pour le ſuivre quant aux regles pratiques qu'il enſeigne ; il ſuffit de vouloir être heureux, & de raiſonner juſte.

Mais le Chriſtianiſme n'eſt pas ſeulement un Syſtème de Philoſophie, c'eſt une Religion : & cette Religion qui nous preſcrit des regles de conduite, dont notre Eſprit découvre ſi facilement l'excellence, nous propoſe des Dogmes de ſpéculation, qu'il ne ſauroit comprendre.

C'eſt ſous ce nouvel aſpect que nous allons conſidérer le Chriſtianiſme. Nous venons de voir l'avantage qu'on trouve à pratiquer ſes préceptes ; voyons les raiſons, qui peuvent nous porter à recevoir ſes Dogmes.

Ces Dogmes, ſi on les envisage ſeparés, & indépendans du Syſtème entier de la Religion, ne ſauroient que révolter notre eſprit. Ce ſont des propoſitions éloignées de toutes nos connoiſſances, des Myſteres incomprehenſibles pour nous. Nous ne ſaurions donc les admettre, que comme révélés & ſur la Foi de la Divinité même.

En les conſidérant de la

ſorte, on trouve bien des difficultés. Toutes les Religions ont leurs Dogmes: & toutes donnent ces Dogmes pour des vérités révélées.

Pour établir les preuves de la Révélation, on cite les Miracles: toutes les Religions encore citent les leurs.

Ce ſont là les points principaux, ſur leſquels les incré lules fondent leurs objections: & ce n'eſt pas une petite entrepriſe que de leur faire voir la différence qui ſe trouve entre la révélation des Chrétiens, & celle des autres Peuples.

Un avantage qu'a la Religion Chrétienne, & dont aucune autre ne peut se vanter, c'est d'avoir été annoncée un grand nombre de siecles avant qu'on la vît éclorre, dans une Religion qui conserve encore ces témoignages quoiqu'elle soit devenue sa plus cruelle ennemie.

De grands Hommes semblent avoir dit sur cette Matiere tout ce qu'on pouvoit dire de plus fort. M'en rapportant sur cela à eux; je me propose seulement ici quelques considérations nouvelles.

Je respecte le zele de ceux, qui croient pouvoir par la seule force de leurs argumens, convaincre l'incrédule, & démontrer à la rigueur la vérité du Christianisme : mais je ne sai si l'entreprise est possible. Cette conviction étant le pas décisif vers le Salut, il semble qu'il soit nécessaire que la grace & la volonté y aient part.

Cependant, quoique la lumiere de notre raison ne puisse peut-être pas nous conduire à des démonstrations rigoureuses, il ne faut pas croire qu'il n'y ait que ce genre de preuves qui ſoit en droit d'aſſujettir nos eſprits.

Si la Religion étoit *rigoureuſement démontrable*, tout le monde ſeroit Chrétien, & ne pourroit pas ne le pas être. On acquieſceroit aux vérités du Chriſtianiſme, comme on acquieſce aux vérités de la Géométrie ; qu'on reçoit, parce qu'on les voit ou dans leur évidence, ou dans le témoignage univerſel des Géometres. Il n'y a perſonne, parmi ceux mêmes qui ne ſont pas capables de ſuivre les démonſtrations, qui ait le moindre doute ſur la vérité des propoſitions d'Euclide : c'eſt que le conſentement de tous les Hommes ſur une choſe qu'ils ont examinée, fait une probabilité infinie, que celui qui l'examinera, la trouvera telle qu'ils l'ont trouvée. Et une telle probabilité eſt pour nous une démonſtration rigoureuſe.

Je dis auſſi : que ſi l'incrédule avoit des armes victorieuſes contre les Dogmes du Chriſtianiſme ; ſi ces Dogmes étoient tels qu'on en pût démontrer l'impoſſibilité : je dis que perſonne ne ſeroit Chrétien, ni ne pourroit l'être.

Ces deux propoſitions ſont des ſuites néceſſaires de l'empire de l'évidence, qui captive entierement notre liberté.

Je n'examine point ici ce que diſent quelques-uns : qu'il y a des Hommes, qui perſuadés au fond du cœur de la vérité de la Religion, la démentent par leurs actions : le cas eſt impoſſible.

Cependant en diſant que l'Impie ne ſauroit trouver de contradiction dans nos Dogines ; & que le Chrétien n'en ſauroit démontrer rigoureuſement la vérité : à Dieu ne plaiſe qu'on croie que je regarde le Problème, comme égal pour l'un & pour l'autre. Si le dernier degré d'évidence nous manque, nous avons des preuves aſſez fortes pour nous perſuader.

La vérité de la Religion a ſans doute le degré de clarté qu'elle doit avoir pour laiſſer l'uſage néceſſaire à notre volonté. Si la raiſon la démontroit à la rigueur, nous ſerions invinciblement forcés à la croire, & notre Foi seroit purement passive.

Le grand argument des esprits forts contre nous est fondé sur l'impossibilité de nos Dogmes: & en effet, si ces Dogmes étoient impossibles, la Religion qui ordonne de les croire, seroit détruite. Quelque captieux qu'aient été sur ce point les raisonnemens de quelques incrédules, ceux qui liront les réponses qui y ont été faites par des Hommes bien supérieurs (*) verront combien tous ces raisonne-

(*) *Leibnitz. Malebranche. &c.*

ſonnemens ſont frivoles.

Jamais on ne fera voir d'impoſſibilité dans les Dogmes que la Religion Chrétienne enſeigne. Ils paroiſſent obſcurs, & ils doivent le paroître. Si Dieu a révélé aux Hommes quelque choſe des grands ſecrets, ſur leſquels il a formé ſon plan, ces ſecrets doivent être pour nous incompréhenſibles. Le degré de clarté dépend de la proportion entre les idées de celui qui parle, & les idées de celui qui écoute : & quelle diſproportion, quelle incommenſurabilité ne se trouve-t-il point ici ?

Je dis plus : si quelqu'un des Ecrivains Sacrés eût été tellement inspiré, qu'au lieu de nous donner quelques Dogmes détachés, il nous eût déduit ces Dogmes de leur Dépendance avec le plan général de la Divinité : il n'y a nulle apparence que nous y eussions pû rien comprendre. Les principes dont il eût fallu partir, étoient trop élevés ; la chaîne des propositions étoit trop longue ; on ne peut gueres douter que des idées d'ordres tout à fait différens de celles que nous pouvons avoir n'entraſſent dans ce plan.

Pouvoit-on croire que le Syſtème général que Dieu a ſuivi, dans lequel non ſeulement *le Phyſique*, *le Moral*, *le Metaphyſique*, ſont combinés; mais dans lequel ſans doute entrent encore bien d'autres ordres, pour leſquels nous n'avons ni termes, ni idées; pouvoit-on, dis-je, croire qu'un tel Syſtème fût à la portée des Hommes, quand on voit ce qu'il leur en coûte pour connoître quelque petite partie du Syſtème du monde Phyſique, combien peu d'eſprits ſont capables d'y parvenir; & combien il eſt douteux que les plus ſavans y ſoient parvenus.

L'expoſition du plan général auroit donc été inutile aux Hommes. Il étoit ſans doute néceſſaire qu'ils en connuſſent quelques points: mais la vûe de leur connexion avec le tout étoit impoſſible. Et il falloit que par quelque principe qui fût à leur portée, ils ſe ſoûmiſſent à ce que leur eſprit ne pouvoit comprendre.

Qu'on ne croye pas que nos Dogmes ayent ici le moindre desavantage, ni que d'autres Religions, ni d'autres Sectes de Philosophie, donnent des réponses plus satisfaisantes sur toutes le grandes questions qu'on peut leur faire. Il suffit pour connoître leur impuissance, de jetter la vûe sur les Systèmes que les plus grands Philosophes de l'antiquité, ou que ceux de nos jours qui se sont piqués de s'être le plus affranchis de préjugés, ont proposés. Une Divinité répandue dans la matiere, un *Univers Dieu*: un même Etre dans lequel se trouvent toutes les perfections & tous les defauts, toutes les vertus & tous les vices : susceptible de mille modifications opposées, est-il plus facile à concevoir que le *Dieu du Chrétien?* Un Etre pensant, qui se dissipe, ou s'aneantit à la Mort, se conçoit-il mieux qu'un Etre simple qui subsiste & conserve sa nature, malgré la séparation des parties du corps qu'il animoit? Une suite sans commencement d'Hommes & d'Animaux ; ou une production d'Etres organisés par la rencontre fortuite des Atomes, est-elle plus croyable que l'Histoire de la Genese ? Je ne parle point des Fables que les autres ont imaginées pour expliquer la Formation de l'Univers. De tous côtés on ne trouvera qu'Absurdités. Et plus on y pensera, plus on sera forcé d'avoüer, que Dieu, la nature & l'Homme, sont des objets qui passent toutes nos idées & toutes les forces de notre esprit.

Ne pouvant admettre pour

juge ſur ces matieres une raiſon ſi peu capable de les comprendre ; n'y a-t-il donc point quelque autre moyen par lequel nous puiſſions découvrir la vérité ?

Si l'on réfléchit attentivement ſur ce que les plus grands Philoſophes de tous les tems, & de toutes les Sectes, qui ont fait de la recherche du bonheur, leur principale Etude, ont manqué leur but : & que les vraies regles pour y parvenir nous ont été données par des Hommes ſimples & ſans ſcience : on ne pourra s'empêcher d'être frappé d'Etonnement ; & de soupçonner du moins, qu'un plus grand Maître que tous ces Philosophes avoit révélé ces regles à ceux de qui nous les tenons. Mais voici un argument qui me paroît plus direct & plus fort.

S'il y a un Dieu qui prenne soin des choses d'ici bas ; s'il y a des vérités que tous les Hommes doivent recevoir, & sur lesquelles la lumiere naturelle ne puisse immédiatement les instruire : il faut qu'ils y puissent parvenir par quelqu'autre voie.

Il eſt un principe dans la nature, plus univerſel encore que ce qu'on appelle *la lumiere naturelle ;* plus uniforme encore pour tous les Hommes ; auſſi préſent au plus ſtupide qu'au plus ſubtil : c'eſt *le deſir d'être heureux.* Sera-ce un Paradoxe de dire, que c'eſt de ce principe que nous devons tirer les regles de conduite que nous devons obſerver ; & que c'eſt par lui que nous devons reconnoître les vérités qu'il faut croire ? Voici la connexion qui eſt entre ces choſes.

Si je veux m'instruire sur la nature de Dieu ; sur ma propre nature ; sur l'origine du Monde ; sur sa fin ; ma raison est confondue : & toutes les Religions, toutes les Sectes me laissent dans la même obscurité. Dans cette égalité de ténebres, dans cette nuit profon e ; si je rencontre le Système qui est le seul qui puisse remplir le desir que j'ai d'être heureux, ne dois-je pas à cela le reconnoître pour le véritable ? Ne dois-je pas croire que celui qui me conduit au bonheur, est celui qui ne sauroit me tromper ?

C'eſt une erreur, c'eſt un Fanatiſme, de croire que les moyens doivent être oppoſés, ou différens, pour parvenir à un même but, dans cette Vie, & dans une autre Vie qui la ſuivra : que pour être éternellement heureux, il faille commencer par s'accabler de triſteſſe & d'amertume. C'eſt une impiété de penſer que la Divinité nous ait detournés du vrai bonheur, en nous offrant un bonheur qui lui étoit incompatible.

Tout ce qu'il faut faire dans cette Vie pour y trouver le plus grand-bonheur dont notre nature ſoit capable, eſt ſans doute cela même qui doit nous conduire au bonheur éternel.

TABLE.

TABLE.

www.ingramcontent.com/pod-product-compliance
Ingram Content Group UK Ltd.
Pitfield, Milton Keynes, MK11 3LW, UK
UKHW021107290826
14628UKWH00014B/898

9 782329 331164